La Semana Santa

Fran Nuño

Roser Calafell

laGalera

¡Qué poquito falta, qué poquito falta
para que empiece la Semana Santa!

Ya se preparan Curro y Macarena
para vivir días llenos de emoción,
la ciudad será un enorme escenario
donde presenciar una gran tradición.

TiENDA COFRADE

Los dos hermanos, en la tienda cofrade,
tienen listas sus ropas de nazareno,
llevarán túnica y antifaz blancos
y un cinturón de esparto estrecho.

A ver si en estos días luce el sol
y cada hermandad sale en procesión.

Ya está aquí el Domingo de Ramos.
Qué contentos van Curro y Macarena
luciendo por el barrio sus capirotes.
¡Su cofradía sale de las primeras!

Es día de estrenar zapatos y trajes,
no cabe ni un alfiler en las calles.

confiteria

Los escaparates de las confiterías
están llenos de torrijas y pestiños,
son los dulces típicos de estas fechas
y les encantan a mayores y niños.

Con huevo, harina, miel y poco más
se hacen estas delicias del paladar.

Los niños, mientras esperan a que al fin
pasos y palios de cada hermandad lleguen,
con los cirios de los penitentes hacen
bolas de cera que gota a gota crecen.

Y también les piden a los nazarenos
que les den estampitas y caramelos.

INRI

Son costaleros quienes llevan los pasos
y todo el año ensayan bastante
para que ahora salga todo perfecto
y buenas "chicotás" inunden las calles.

Nuestros gemelos se asombran al ver
cómo van todos arrastrando los pies.

Aunque hay procesiones que van en silencio,
bandas de música cofrade acompañan
a la mayoría de las hermandades
tocando hermosas y sentidas marchas.

Curro y Macarena sienten cosquillas
cuando los tambores pasan muy cerquita.

El público de pronto ha enmudecido;
desde un balcón se canta una saeta.
Todo el mundo escucha atentamente
los "quejíos" que nacen de esa voz flamenca.

Cuando el saetero termina de cantar
el capataz anuncia otra "levantá".

Durante el Jueves Santo muchas mujeres
van con mantilla y vestidas de negro.
Curro y Macarena salen muy temprano
para visitar cada uno de los templos.

Empiezan a verse algunas nubes grises,
la lluvia podría estropear los desfiles.

En la "madrugá" las nubes se marcharon
y las imágenes lograron salir.
Aunque han regresado con mucho sueño
los dos hermanos pudieron resistir.

Curro y Macarena antes de acostarse
desayunan churritos con chocolate.

¡Qué poquito falta, qué poquito falta
para que acabe la Semana Santa!

El Domingo de Gloria va amaneciendo,
en pocas horas todo habrá terminado,
pero Curro y Macarena ya sueñan
con otro radiante Domingo de Ramos.

La Semana Santa
de Fran Nuño y Roser Calafell

Primera edición: abril de 2015
Novena impresión (primera en este formato): marzo de 2026

© Del texto: Fran Nuño, 2015
© De las ilustraciones: Roser Calafell, 2015
© De esta edición: La Galera, 2026
Abacus Futur, S.L.
Peu de la Creu, 4
08001 Barcelona
lagaleraeditorial.com

Dirección editorial: Pema Maymó
Edición: David Monserrat
Coordinación editorial: Marina Llompart
Maquetación: Estudi Claris
Diseño de colección: Laia Serch
Producción: Neus Duran

Impresión: Índice
ISBN: 978-84-246-7689-6
Depósito legal: B 2750-2026